¿CÓMO PUEDO EXPERIMENTAR (

LA LUZ

Cindy Devine Dalton

Cindy Devine Dalton es graduada de Ball State University, Indiana, con un grado de Bachiller en Ciencias de la Salud. Enseñó Ciencias de la Salud por algunos años en los grados 9-12.

Teresa and Ed Sikora

Teresa Sikora enseña Matemáticas y Ciencias en 4 to. grado. Se graduó con un Bachiller en Ciencias en Educación Primaria y recientemente obtuvo la Certificación Nacional para la Enseñanza Media General. Está casada y tiene dos niños.
Ed Sikora es un ingeniero aeroespacial que ha trabajado en los motores principales de las naves espaciales. Tiene un grado de Bachiller en Ciencias en Ingeniería Aeroespacial por la Universidad de Florida y una maestría en Ciencias de la Computación por el Instituto de Tecnología de Florida.

rourkeeducationalmedia.com

www.rourkeeducationalmedia.com

PROJECT EDITORS
Teresa and Ed Sikora

PHOTO CREDITS: Page 6: © Galyna Andrushko; Page 9: © OGphoto; Page 15: © digitalskillet; Page 20: © mstay; Page 24: © NASA; Page 27: © letty17; Page 29: © alvarez

ILLUSTRATIONS
Kathleen Carreiro

EDITORIAL SERVICES
Pamela Schroeder

Editorial/Production Services in Spanish
by Cambridge BrickHouse, Inc.
www.cambridgebh.com

Dalton, Cindy Devine,
La Luz / Cindy Devine Dalton.
(¿Cómo puedo experimentar con...?)
ISBN 978-1-62717-248-6 (soft cover - Spanish)
ISBN 978-1-62717-444-2 (e-Book - Spanish)
ISBN 978-1-58952-034-9 (soft cover - English)

Also Available as:

Rourke Educational Media
Printed in the United States of America,
North Mankato, Minnesota

Rourke
Educational Media

rourkeeducationalmedia.com

customerservice@rourkeeducationalmedia.com • PO Box 643328 Vero Beach, Florida 32964

Luz: forma natural o artificial de energía luminosa que nos permite ver.

Cita:

"Primero averiguo qué necesita el mundo, después trato de inventarlo".

—Thomas Edison (Inventor del bombillo)

Contenido

¿Piensas en la luz?

¿De dónde viene la luz? ¿De dónde procede su color? ¿Por qué es más brillante en algunos lugares que en otros?

Te sentirás como un genio después que encuentres las respuestas a estas preguntas tan interesantes. ¡Estás a punto de descubrir qué es la luz! ¡Lee y diviértete!

Toda la luz natural en la Tierra proviene del Sol.

Luz por todas partes

Sin luz, no podríamos ver. Cuando ves las cosas, lo que en realidad estás viendo es la luz que rebota de los objetos. Por ejemplo, cuando miras esta página, lo que estás viendo es la luz que rebota de ella.

La luz del Sol proporciona la energía que ayuda a las plantas a crecer. Los animales se comen las plantas y nosotros nos comemos a los animales. Sin luz, en la Tierra no habría plantas, animales ni personas.

La luz ayuda a crecer a las plantas y a los animales.
Sin luz no estaríamos aquí.

Partículas de luz

La luz es un flujo de partículas diminutas. Estas partículas se llaman **fotones**. Un fotón es una partícula de luz. Los fotones contienen la energía que tiene la luz. Es fácil imaginarse la luz como una partícula. Imagínate que lanzas una pelota de tenis a una pared y que la ves rebotar. La pelota de tenis actúa como una partícula de luz rebotando en un espejo.

La imagen a la derecha muestra la distancia o la longitud de onda, entre dos tipos diferentes de ondas de luz, uno de cada extremo del espectro.

Atrapa la onda de luz

¿Alguna vez dejaste caer una piedra en un estanque y miraste las olas expandiéndose hacia afuera? La distancia entre los puntos altos de la onda se llama la **longitud de onda**. Al número de ondas que pasan en un período de tiempo se llama **frecuencia**. La luz es un tipo especial de energía que viaja como una onda, llamada onda electromagnética. Los distintos colores de la luz tienen frecuencias diferentes.

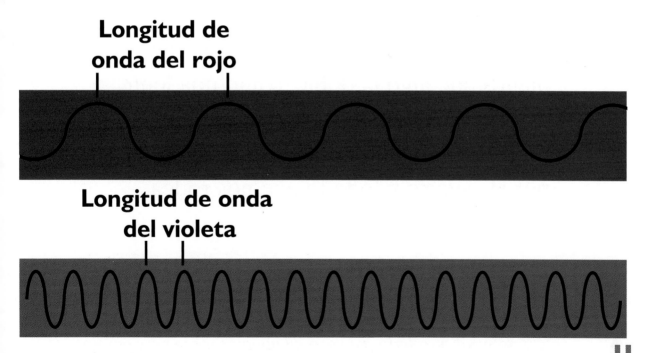

Longitud de onda del rojo

Longitud de onda del violeta

¿Cuán rápido viaja la luz?

La luz viaja más rápido que cualquier otra cosa. La velocidad de la luz es cerca de 186,000 millas por segundo (300,000 km/s). La luz es un tipo de energía que viaja como una onda — una onda recta. La luz no puede doblar a menos que algo la doble, como una lente de cristal o el agua. La luz no tiene que estar en un medio para poder viajar. Viaja por el espacio y todo lo que nos rodea.

La luz de esta linterna no puede doblar una esquina por sí sola y pasar al otro lado. El vaso de agua es un buen ejemplo de cómo el agua puede doblar la luz. Observa la cuchara.

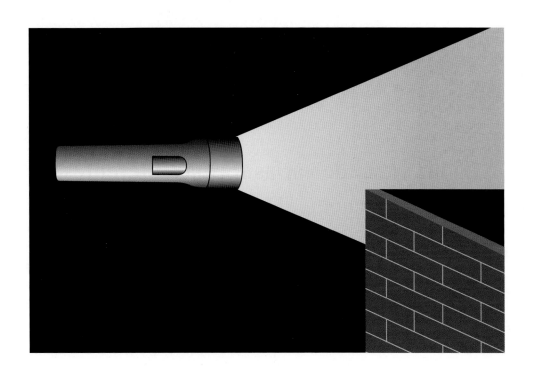

13

¿Cómo está el bombillo, caliente o frío?

La luz viene de varias formas diferentes. Mira en tu escuela. ¿Hay bombillos redondos o en forma de tubo? Cuando estás acampando, ¿qué clase de luz ves? ¿Ves la Luna, una linterna o una fogata? Todos estos son diferentes tipos de luz que tienen diferentes niveles de energía. ¿Qué nivel de energía tiene la luz del Sol? La luz del Sol tiene luz **ultravioleta**. La luz ultravioleta puede dañar tu piel y tu salud.

La luz ultravioleta es muy poderosa porque tiene una alta frecuencia que es capaz de atravesar la piel.

Algunos tipos de luz emiten calor y otras no. La luz caliente es la luz **incandescente**.

La luz ultravioleta puede ser peligrosa para nuestros ojos y para la piel. Las gafas de sol protegen nuestros ojos de los rayos dañinos.

Las velas, el Sol y algunos bombillos emiten luz incandescente.

Una luz fría es **luminiscente**. Es un ejemplo de luz **fluorescente**. Los tubos largos de luz, en casi todas las aulas, son fluorescentes. Las luces fluorescentes no usan tanta energía como las luces incandescentes.

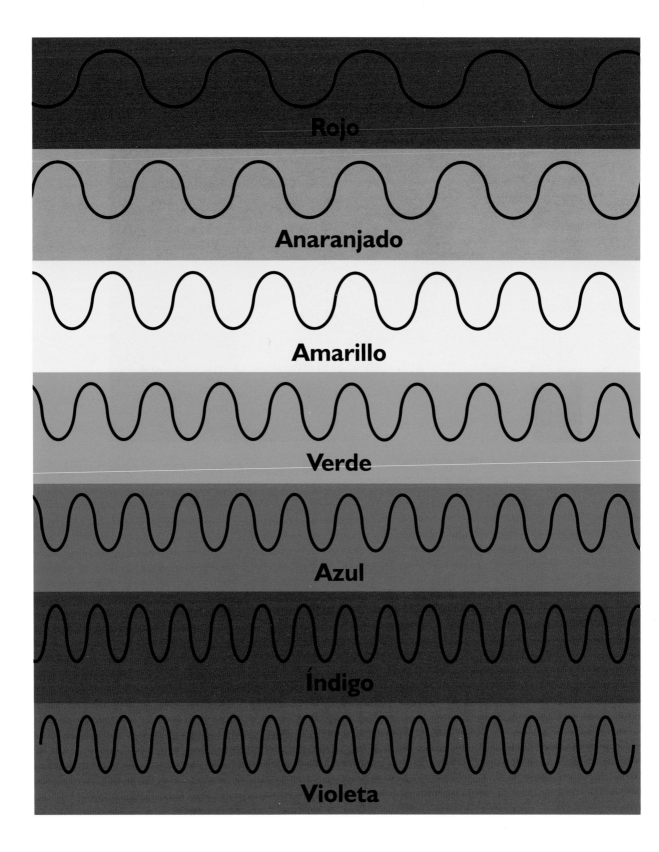

Rojo

Anaranjado

Amarillo

Verde

Azul

Índigo

Violeta

¿De qué color es la luz?

Las luces blancas o amarillas parecen tener los colores más brillantes. Pero no es cierto. El blanco y el amarillo que vemos en la luz del Sol son en realidad una mezcla de todos los colores de la luz. Hay siete colores en el **espectro** visible: rojo, anaranjado, amarillo, verde, azul, índigo y violeta: los mismos que un arcoíris. Nuestros ojos se sienten más cómodos mirando el color verde. En la superficie de la Tierra, el verde es el color más brillante.

¿Sabías que un bombillo en realidad emite más luces rojas y anaranjadas? Un bombillo fluorescente produce más luces azules y amarillas.

Cada color del espectro se mide por su longitud de onda.

Práctica:
Experimentos con la luz

¿Qué necesitas?

- un espejo
- un pedazo de papel
- un recipiente o vaso con agua

Prueba esto:

1. Coloca el espejo en el agua formando un ángulo. (Que se apoye en uno de los lados del recipiente).

2. Gira el vaso o recipiente para que el espejo quede mirando al Sol.

3. Sujeta el papel formando una inclinación ante el vaso. Mueve el papel hasta que veas el arcoíris de colores. Puede que necesites mover el papel ligeramente hasta que los colores se enfoquen completamente.

Aquí podrás ver el arcoíris de colores reflejados en el papel.

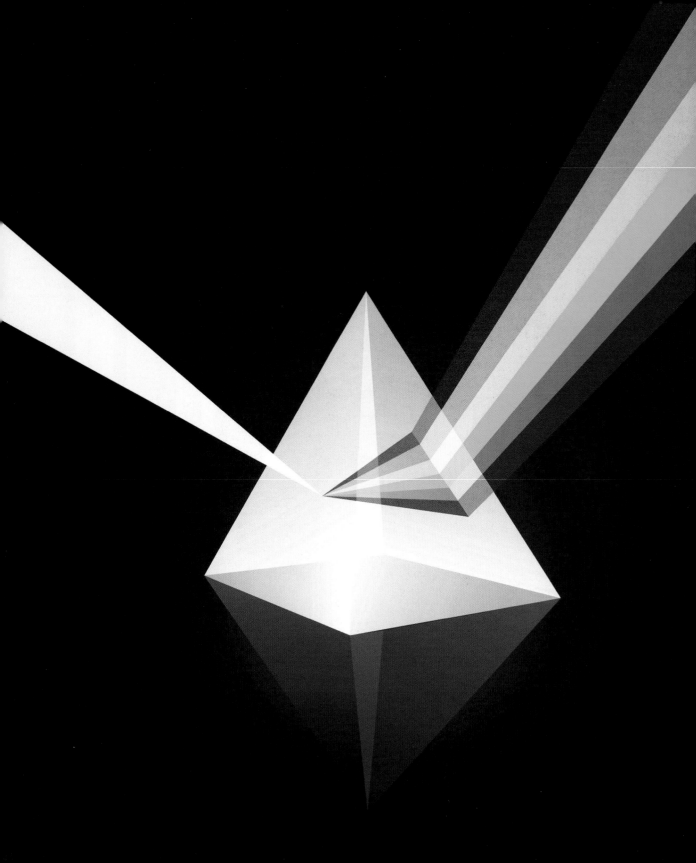

¿Qué pasó?

La luz se ve blanca, pero en realidad no lo es. Lo que estás viendo son las ondas de luz juntas. Cuando la luz pasa a través del agua y rebota en el espejo, las ondas de luz se descomponen y puedes ver los siete colores que la forman. Lo mismo ocurre cuando la luz atraviesa un **prisma**.

Cuando la luz atraviesa un prisma, las ondas de luz se descomponen, mostrando siete colores diferentes.

Manos a la obra:
El cielo en una jarra

¿Qué necesitas?

• Un vaso de color claro, con lados rectos, de plástico transparente o una jarra de vidrio
• agua
• leche
• cucharillas de medición
• linterna
• una habitación a oscuras

Prueba esto:

1. Llena el vaso o jarra hasta 2/3 de su capacidad con 8-12 oz. (250-400 ml) de agua.

2. Agrega 1 cucharadita (2-5 ml) de leche y revuelve.

3. Enfoca la luz de la linterna sobre la superficie del agua y observa el agua a través cristal, desde un lado. Debe tener un leve color azulado.

4. Enfoca la linterna hacia el lado del vidrio. Mira a través del agua directamente a la luz. El agua debe tener un color rojizo.
5. Pon la linterna debajo del vaso y mira hacia abajo en el agua desde la parte superior. Debe tener un color rojizo más intenso.

¿Qué pasó?

Las partículas pequeñas de la leche en el agua dispersaron la luz de la linterna, tal y como las partículas de polvo y las moléculas en el aire dispersan la luz. Cuando la luz brilla en la parte superior del vaso, el agua se ve azul porque ves luz azul dispersada hacia el lado. Cuando miras a través del agua directamente a la luz, parece roja porque parte de la luz azul fue eliminada por la dispersión.

Preguntas locas sobre la luz

Pregunta:

Si pudieras volar en una nave espacial a la velocidad de la luz, ¿qué pasaría?

Respuesta:

El tiempo pasaría más lento para ti. ¡Podrías llegar al centro de la Vía Láctea antes de que terminara tu vida! Sin embargo, si decides volver a casa, ¡habrían pasado miles de años!

La Vía Láctea está formada por más de mil millones de estrellas.

Pregunta:

¿Cómo la luz del Sol hace a las hojas verdes en el verano, rojas y anaranjadas en otoño y marrones en invierno?

Respuesta:

La luz del Sol proporciona energía para las plantas a través de la **clorofila**. Cuando las plantas reciben mucha luz solar, las hojas de las plantas se ponen verdes. Cuando reciben menos luz, las hojas se ponen rojas y anaranjadas.

Cuando no reciben luz suficiente para mantenerse con vida, se ponen marrones y a menudo caen al suelo. Así que, cuando los días son largos, como en el verano, las hojas se ponen lo más verde posible. Cuanta menos luz haya, menos brillante estarán las hojas.

En los meses de otoño hay menos luz solar que en los meses de verano. Es por ello que las hojas cambian de color en el otoño.

Pregunta:

¿Por qué el arcoíris solo aparece con la lluvia?

Respuesta:

El arcoíris no "aparece" con la lluvia. Lo que sucede es que las gotas de lluvia en el aire actúan como diminutos prismas. La luz entra en la gota, se refleja en el lado de la gota y sale mostrando un espectro de luz.

Pregunta:

¿Qué es la contaminación lumínica?

Respuesta:

La contaminación lumínica es cuando el cielo está tan iluminado por las luces de una ciudad que no se puede ver el cielo nocturno. La contaminación lumínica dificulta la observación de las estrellas.

Las gotitas de agua de esta cascada actúan como diminutos prismas, mostrando un espectro de luz y creando un arcoíris.

Glosario

clorofila — sustancia química verde encontrada en las plantas que necesita luz solar para producir energía para las plantas

espectro — todos los colores de la luz: rojo, anaranjado, amarillo, verde, azul, índigo y violeta, dispuestos en el orden de sus longitudes de onda

fluorescente — luz que se crea al pasar electricidad a través de una capa en un bulbo en forma de tubo

fotones — partículas de luz energizadas

frecuencia — cuán rápidamente algo sucede una y otra vez

incandescente — luz blanca o brillante que genera mucho calor

longitud de onda — distancia entre dos puntos
en un ciclo de ondas

luminiscente — una forma de luz que no
emite calor

prisma — una herramienta que descompone la
luz blanca en un espectro completo

ultravioleta — extremo violeta del espectro;
luz con longitud de onda muy corta

Sitios de la internet

www.howstuffworks.com
www.sciencemadesimple.com
www.exploratorium.com

Índice